本書を手に取られているコーチの皆さ〔　　　　　　　　　親育て」とも言われているのをご存知でしょうか。親も子どもに「親育て」されていて、親子が一緒に成長していくという考え方です。子育てに関連した言葉に、「子どもは親の背中を見て育つ」というものがあります。コーチの皆さんは、プレーヤーが育って成長する（パフォーマンスや競技成績が向上する）ことを願っておられると思いますが、「子育て」における親のように、コーチ自身も成長し、その姿をプレーヤーに見てもらうことが、プレーヤーの成長に良い効果を与えることは間違いありません。

　さて、本シリーズの第1弾と第2弾では、ハラスメントと評価されるような不適切なケースを取り上げてきましたが、残念ながら、不適切な指導として報告される件数は増えている状況です。裏を返せば、これまでは指摘されていなかった不適切な指導が、顕在化するようになった表れなのかもしれません。この数年で、良くも悪くも、プレーヤーや保護者の意識も変化し、コーチの指導方法を見る周囲の目も変わってきているのでしょう。

　第3弾となる本書では、皆さんが日頃のコーチング活動において直面することが多いと思われるケースを取り上げ、注目すべきポイントと望ましい対応や考え方について解説しています。常に変化するスポーツシーンで、多様なプレーヤーを対象にコーチングすることにおいて、不適切な指導は不正解であることに疑いの余地はありませんが、絶対的な正解はありません。答えは、プレーヤーの中にあるはずです。コーチの皆さんには、本書を手がかりに、プレーヤーの中にある答えをより多く探し出せるよう、自身が成長するための学びをさらに深めていただくことを期待いたします。

公益財団法人日本スポーツ協会

常務理事・指導者育成委員会委員長

ヨーコ　ゼッターランド

もくじ

第一部

理 論 編

① はじめに

　皆さんは、スポーツ指導者（コーチ）に求められることや期待されていることには、どのようなものがあると思いますか？　試合や大会で勝つことや良い記録を残すといったプレーヤーのパフォーマンス向上に関することはもちろん、プレーヤーの人間的な成長を支援することなどを思い浮かべる方が多いと思います。公認スポーツ指導者を育成している日本スポーツ協会（JSPO）では、以下の資質能力（思考・判断、態度・行動、知識・技能）を身につけた方を公認スポーツ指導者として認定するとしています。

- ●スポーツの価値や未来への責任を理解することができる。
- ●プレーヤーズセンタードの考え方のもとに、暴力やハラスメントなどあらゆる反倫理的行為を排除できる。
- ●常に学び続けることができる。
- ●プレーヤーの成長を支援することを通じて、豊かなスポーツ文化の創造やスポーツの社会的価値を高めることに貢献できる。
- ●求められる役割に応じて、スポーツ医・科学の知識を活かし、「スポーツを安全に、正しく、楽しく」指導することができる。
- ●求められる役割に応じて、「スポーツの本質的な楽しさ、素晴らしさ」を伝えることができる。

　この第一部「理論編」では、より良いコーチングを実践するために必要となる資質能力（思考・判断、態度・行動、知識・技能）を向上させるための学びのヒントをお伝えします。なお、今回お伝えできる内容は、表面的で断片的なものであるため、さらに学びを深めたい方は、JSPO公認スポーツ指導者資格などのスポーツコーチングに関する講習会や、コミュニケーションスキルなどに関する専門書や講座などで学ばれることをお勧めします。

② 理想とするコーチ像を持っていますか？

　皆さんがプレーヤーにコーチングをする際は、試合や大会での好成績などを目標として、チームやプレーヤーの現状を分析したうえで、必要と思われるトレーニングを実施したり、戦略を練ったりすると思います。その一方で、皆さん自身の目標を設定し、自身の現状を振り返り、必要となる学びなどを実践できているでしょうか？　より良いコーチングを求めるのであれば、まずは目標として自分が理想とするコーチ像を設定することが重要です。

コーチング哲学を持とう！

　理想とするコーチ像を設定する際には、自身のコーチング哲学を整理してみましょう。哲学と言うと、難解な学問というイメージがあると思いますが、ここでは、「コーチングにおいて大切にしていること」と考えてください。「大切にしていること」ですから、時間や環境、さらには対象などによって変化することは問題ありません。

　このコーチング哲学をしっかりと持つことで、論理的思考や一貫性のある行動を取れるようになるでしょう。一般的に、高い評価を得て信頼を勝ち取るためには一貫性を求められることが多く、スポーツのコーチがプレーヤーやアントラージュ（プレーヤーを取り巻くすべての関係者）から信頼を得る際にも重要となります。

　具体的なものとしては、スポーツ界における著名なコーチや歴史上の人物などの言葉や考え方なども参考になるでしょう。

　なお、いくら一貫性があるものであっても、独りよがりなものや、反倫理的な行為を認めるような内容、プレーヤーやアントラージュが受け入れがたい内容のものは避ける必要があります。

③ 自身のコーチングを振り返っていますか？

　理想とするコーチ像を設定できたら、次に、自身の現状を振り返り、適切に把握してみましょう。振り返りの方法には、省察やリフレクションなどがあり、自分にあったものを選ぶとよいでしょう。

■ 省察と実践を繰り返そう！

　ここでは、省察の方法をご紹介します。省察の対象は、コーチ自身の言動と言動によって生じた結果など、コーチングプロセスのすべてです。具体的にそれらを評価する際、どうしてもできていないことや、うまくいかなかったことばかりに目が行きがちです。そのため、できていることやうまくいったことにも目を向け、バランスよく評価することが重要です。

　また、評価して終わりではなく、改善に向けた学びと実践を行い、さらに省察を行うというように、この流れを繰り返すことが重要です。この繰り返しを確実に実行するためには、学びや実践の計画を作成することが重要です。

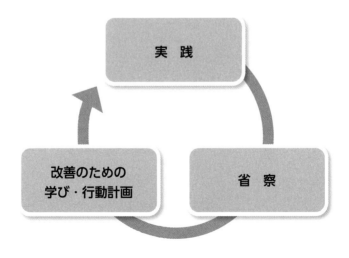

④ コーチング環境や対象を理解していますか？

　自身のコーチングを評価するためには、自身がコーチングしている環境や対象について理解しておく必要があります。指導対象の年齢や発育・発達段階、運動実施の目的といった特徴（あるいは特性や個性）は、1つとして同じものはありません。そのため、そのようなコーチングが行われる場の特徴とも言える文脈（コンテクスト）によって、適切なコーチング行動は異なります。

◤ コーチング文脈を理解しよう！

　どのようなコーチングが求められるかは、それが行われる場が持つ文脈によって異なります。また、コーチング文脈は、とても複雑で動的な特徴を持っており、一見同じように思えたとしても、全く同じ文脈は二度と現れません。そのため、コーチの皆さんには、文脈を適切に読み取り、これまでに自分が学んできたことを活かし、1つとして同じものがない、特異的な課題に挑戦していくことが求められます。

■コーチング文脈を構成する代表的な要素

プレーヤーの特性	個　人：年齢、性別、身長、体重、体脂肪率、筋力、持久力、兄弟構成、思考、過去の経験、競技レベル等 チーム：人数、年齢構成、性別、過去の経験、トレーニングの頻度・時間、活動資金、競技レベル等
コーチを含む アントラージュの特性	コーチ：年齢、性別、家族構成、就労状況、思考、コーチングに関する知識・技能、過去の経験、コーチングスタッフの人数等 保護者等：年齢、性別、プレーヤーとの関係、思考、過去の経験等
実施するスポーツの特徴	競技特性、ルール、施設・用具等
コーチングが 行われる場の特徴	文化、気候、言語、施設、時間、動機づけ雰囲気
スポーツシステム	大会システム、協会、育成システム、国のスポーツシステム等

⑤ 倫理的なコーチングを心がけていますか？

コーチが持つ、特異的な課題を解決するためのヒントをお伝えする前に、自身の倫理観を確認してみましょう。

■ コーチングの倫理を常に意識しよう！

JSPO は、同協会の諸制度にもとづいて登録等を行っている者（登録者等）が、同協会倫理規程で定める遵守事項に違反する行為を行った際の処分の内容及び手続きについて、登録者等処分規程（令和 5 年 1 月 1 日施行）として定めています。同処分規程においては、スポーツ活動又はこれに準じる活動に関連し、登録者等が遵守すべき事項として、以下のような行為を挙げています。

●暴力・暴行その他の身体的虐待	●不適切又は不合理な指導
●暴言その他の精神的虐待	●差別的言動
●性的虐待	●試合の不正操作
●セクシュアル・ハラスメント	●違法なスポーツベッティング
●パワー・ハラスメント	●ドーピング
●アルコール・ハラスメント	●スポーツ活動又はこれに準じる活動の関係者の名誉毀損
●その他のハラスメント	●スポーツ活動又はこれに準じる活動の関係者のプライバシー侵害
●無視・ネグレクト	

さらに、以下（9 ページ上段）のような行為を登録者等が行った結果、同協会の秩序、名誉又は信頼を害してはならないと定めています。

●薬物の乱用 (大麻、麻薬、覚醒剤等を含むがこれに限らない)
●登録者等としての職務又は地位を利用して自己又は第三者の利益を図り、若しくは第三者を害すること
●登録者等としての職務又は地位に関連して受領する補助金に関連して、要綱等に違反し、又は不正を行うこと
●反社会的勢力と関係を有すること
●第三者が前項各号 (8 ページ中段) 又は前各号に定める行為を行うことを教唆し、幇助し、若しくはこれを是正すべき義務を有するにもかかわらずこれを放置すること、又は適切な対応を行わないこと
●前項各号 (8 ページ中段) 又は前各号に定めるもののほか、各種法令及び本会 (JSPO) が定める規程に違反すること
●その他スポーツの健全性及び高潔性を損ねること

　先ほどもお伝えしたとおり、コーチング文脈は、とても複雑で動的な特徴を持っているため、明らかに反倫理的な行為に該当するケースは少なく、判断に迷うケースのほうが多いと思います。
　まずは、自身で判断する際の基準として、JSPO の指導者養成講習会で紹介している以下のチェックポイントを確認してみてください。

❶相手が不快に思っていませんか？
　　指導者が意識しなくても、指導者とプレーヤーの間には無意識のうちに上下関係ができがちです。相手が反論しないことが相手の同意を直接意味するわけではありません。

❷第三者が見ても不快に思いませんか？
　　スポーツは社会的活動です。指導者とプレーヤーの間で同意があるということだけでは、その行為を正当化することは困難です。誰に見られても大丈夫な行為かどうかを意識する必要があります。

❸他に代替手段がありませんか？
　　さまざまな指導方法を身につけることで、法律に反する行為や反倫理的な行為による指導を避けることができます。自分にはそのやり方しか方法論がなかったとしても、それは指導者としての学びを怠ったという判断がされる可能性があります。

6 プレーヤーの成長を 支援できていますか？

　いよいよ、ここからは、プレーヤーの成長を支援するため、どのような コーチングを実践することが望まれているのかをお伝えしていきます。

教えすぎには注意しよう！

　皆さんは、スポーツのコーチをしていることを他人に説明する際に、「子 どもたちに〇〇を教えている」という表現をされることもあるのではない でしょうか？　この「教える」という言葉ですが、第一部の冒頭でご紹介 した、JSPO が公認スポーツ指導者に必要と考えている資質能力（思考・ 判断、態度・行動、知識・技能）には含まれていません。

　「教える」ということは、コーチングの一部ではあるものの、すべてで はありません。ここで、アメリカの臨床心理学者のカール・ロジャーズ（Carl Rogers）が創始した来談者中心療法（近年では「パーソンセンタード・ア プローチ」と呼ばれる）の基本的な考え方をご紹介します。「来談者の話 をよく傾聴し、来談者自身がどのように感じ、どのように生きつつあるか に真剣に取り組んでいきさえすれば、別にカウンセラーの賢明さや知識を 振り回したり、押しつけたりしなくても、来談者自らが気づき、成長して いくことができる」というものです。

　コーチの皆さんの多くは、自身の能力を活かしたいという気持ちから コーチングをされていると思いますが、その気持ちが強ければ強いほど、 「教えよう」としてしまいがちです。ロジャーズは、「その教えようとする 行為が有害であると感じる」とまで語っています。なぜならば、学習は学 習者本人の中で行われることであり、何かを学ぶかどうかは本人次第だか らです。ロジャーズの「教えようとする行為が有害である」という考えは 極端かもしれませんが、来談者中心療法の考え方をあてはめると、「コー チの賢明さや知識を振り回したり、押しつけたりする」ことは、「プレーヤー

自らが気づき、成長していくこと」の妨げになる可能性があると言えるでしょう。

それでは、プレーヤーの学びや成長を促すために、コーチはどうすればよいのでしょうか？

学校教育法にもとづき、国が定める教育課程の基準である学習指導要領では、主体的・対話的で深い学び（アクティブ・ラーニング）の視点からの学習過程の改善が示されています。スポーツの場においても、プレーヤーが「主体的」で「対話的」なコーチングが期待されています。

☀主体性を引き出そう

まずは、プレーヤーの「主体性」をいかに引き出すかについて、具体的な方法をお伝えします。スポーツのコーチング以外でも、「動機づけ」（モチベーション：Motivation）が重要ということを学ばれている方は多いと思います。「動機づけ」は、自身の内的な興味や関心・意欲に動機づけられている状態で、金銭や名誉といった外的な報酬にもとづかない「内発的動機づけ」と、人為的に金銭や名誉といった評価・賞罰・強制などの外的な報酬にもとづく「外発的動機づけ」に分類されます。

一般的には、「外発的動機づけ」の効果は一時的であり、教育的観点からも、プレーヤーの興味や関心にもとづいた「内発的動機づけ」を高めることが推奨されていますが、プレーヤーの文脈（年齢や競技レベルなど）によっては、「内発的動機づけ」よりも、まずは「外発的動機づけ」を高めたほうがよい場合もあるでしょう。

「外発的動機」にも種類があり、プレーヤー自身が決定している（自己決定）度合いによって、完全にやらされている状態である「外的調整」から、徐々に動機が内在化していく（内発的なものに近づいていく）につれ、「取り入れ的調整」「同一化的調整」「統合的調整」に分類できると考えられています。

つまり、プレーヤーの文脈に応じて、「外発的動機づけ」から「内発的動機づけ」を使い分けることで、自己決定の度合いを高めていくことが求められるのです。

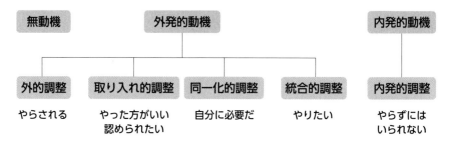

無動機	外発的動機				内発的動機
外的調整	取り入れ的調整	同一化的調整	統合的調整		内発的調整
やらされる	やった方がいい 認められたい	自分に必要だ	やりたい		やらずには いられない

☀対話的なアプローチを取り入れよう

　それでは、プレーヤーの自己決定の度合いを高めるためには、どうすればよいでしょうか？　先ほどご紹介したように、「対話的」であることが必要です。ここからは、「対話的」なコーチングをするための具体的なアプローチ法として、指示 - 提案 - 質問 - 委譲という４つのアプローチについてご紹介します。

☀指示（TELL）

　皆さんの中には、コーチングにおいて、「教える」ことと「指示」することを同じように使っている方もいるかもしれません。先ほど、「コーチの賢明さや知識を振り回したり、押しつけたりする」ことは、「プレーヤー自らが気づき、成長していくこと」の妨げになる可能性があるとお伝えしましたが、これからご紹介する「指示（TELL）」は、「賢明さや知識を振り回したり、押しつけたりする」こととは異なります。

　「指示」は、「○○しよう」「△△しない」のように、プレーヤーに対してコーチの意図を明確に伝えて、そのとおりに行動することを求めるものです。

コーチの指示どおりに行動することを求めるわけですから、プレーヤーの行動を制限し、完全に「やらされる」状態であれば、「外発的動機」の中でも「外的調整」の状態と言えるでしょう。「外的調整」から少しだけ自分の中に意味を見いだした状態で「やったほうがいい」、やることで「認められたい」といった気持ちで取り組む状態が「取り入れ的調整」です。外から与えられたことに対して、もう少し自分自身の意義を見いだし、「自分に必要だ」と思って取り組んでいる状態が「同一化的調整」です。さらに、コーチが「指示」をしたとしても、その内容がプレーヤーにとって魅力的で、プレーヤーがワクワクして「やりたい」と思って取り組む状態が「統合的調整」です。外から与えられた課題であっても、より「内発的動機」に近い状態になっていることを「内在化」と呼びます。

　このように、「指示」が一律に良くないということではなく、「内在化」を促すことも可能なのです。それでは、どのように「指示」をすればよいのでしょうか。「指示」をする場合は、コーチの意図を明確に伝えて、プレーヤーに理解してもらうことが重要です。そのために注意すべき主なポイントは以下のとおりです。

①プレーヤーの状態

　プレーヤーに「指示」を理解してもらうためには、プレーヤーがコーチの指示を冷静に受け止められるような状態になっている必要があります。その状態になっていない場合、多くは、コーチから声かけをして、その状態にさせると思いますが、時間に余裕がある場合は、その状態になるまでコーチが待つという選択肢もあります。

②声のトーンや言葉づかい、表情、姿勢

　大声を張り上げてしかめっ面で「指示」すると、コーチの感情や「指示」の内容に関係なく、プレーヤーはコーチが「怒っている」と捉えるでしょう。そうなるとコミュニケーションの妨げとなり、「指示」した内容の理解度も低く、「やらされる」状態の「外的調整」の状態になってしまいます。プレーヤーに「指示」の内容をより理解してもらい、「内

在化」を促すためには、どのような声のトーンや言葉づかい、表情、姿勢が望ましいのか、おのずとわかると思います。

③内容は具体的かつ端的に

プレーヤーの文脈や「指示」のタイミング、内容にもよりますが、「指示」の理由や目的、方法などを、抽象的な表現ではなく数値なども用いながら具体的に表現するようにしましょう。また、「指示」する内容はできるだけ短く、余計なことは伝えないようにすることも重要です。「具体的」と「端的」は矛盾するかもしれませんが、より多くの内容を「指示」しなければならない場合は、内容をいくつかに分けて、以下でお伝えするプレーヤーの理解を確認しながら「指示」するとよいでしょう。

④伝えて終わりではなく、理解しているかを確認

ゲーム中の「指示」を除いて、「指示」の内容をプレーヤーが理解できているかを確認するとよいでしょう。ただし、すぐに「わかった？」と聞くと、多くのプレーヤーは、理解度に関係なく「わかった」と答えてしまうものです。そのため、考える時間を与えるとともに、理解した内容をプレーヤー自身に言語化させるとよいでしょう。

プレーヤーが理解できていたら、その理解で正しい旨を伝えましょう。理解できていなかったら、肯定的な言葉や表現を伝えつつ、理解できていない内容を確認しながら、プレーヤーが理解できるまで、具体的かつ端的な説明と、理解度の確認を繰り返しましょう。

☀提案（SELL）

皆さんは、商品を購入する際、どのように商品を選んでいますか？　数ある商品の中から、安くて品質の良いもの、評価が高いもの、より自分のニーズにあったものを購入できるとうれしくなると思います。逆に、選択肢が多すぎて迷ってしまうこともあるかもしれません。

ここからは、「提案（SELL）」というアプローチについてご紹介します。「指示」が1つの選択肢を示して、そのとおりに行動することを求めるの

に対して、「提案」は、それまでの選択肢とは異なる選択肢や、複数の選択肢を示して（売り込んで）、プレーヤー自身に決めてもらいます。

「指示」では選択権がコーチにありますが、「提案」では、プレーヤーにあります。プレーヤーに選択権があることで、やらされ感を低減させることができ、「内在化」を促すことも可能なのです。また、プレーヤーの年齢が低い場合や、プレー経験が少ない場合などでも、「提案」を使うことで、プレーヤーの経験や知識の少なさを補うことができるでしょう。

それでは、どのように「提案」をすればよいのでしょうか。「提案」をする場合でも、「指示」と同様に、コーチの意図を明確に伝えるとともに、そのことをプレーヤーが理解していることが前提となります。また、プレーヤーに提示する選択肢は、プレーヤーがどれを選んでも、コーチとしてはOKだと思っているものを提示することが基本となります。

具体的に「提案」をする際には、プレーヤーが思いつかない、あるいはやってみようという意思決定がうまくできない場面で、「□□をするとうまくいくかもしれないね」といったように選択肢を示す方法があります。また、「Aという方法と、Bという方法があると思うんだけど、どっちをやってみたい？」のように、質問の形を使った提案をすることも考えられます。

「提案」をする際に注意すべきポイントは以下のとおりです。

○プレーヤーが決定したと感じられているか

コーチとしては、選択肢を示してプレーヤーに決定してもらっていると思っていても、プレーヤーは、コーチから「指示」されたと感じている場合もあります。「提案」のアプローチを使用するのは、プレーヤーの「内在化」を促進することが目的ですから、プレーヤーが自身で決定したと感じ、「内在化」が促進されているかどうか、プレーヤーの状態をよく確認する必要があります。

☀️質問（ASK）

皆さんは、ウィンドウショッピングのときに店員さんと会話をしますか？　店員さんとの会話を通して、買いたい商品が明確になったことはあ

りませんか？　そういった経験をお持ちの方は、どのような会話をしたか思い出してみてください。店員さんから、いろいろと質問されませんでしたか？

　ここからは、「質問（ASK）」というアプローチについてご紹介します。「質問」と言っても、さまざまな種類があり、その文脈にあった「質問」を戦略的に用いることで、コーチがプレーヤーのことをより理解することはもちろん、プレーヤーがプレーヤー自身の状態や課題などを自分で気づくことができるように支援する、といった目的で用いるアプローチです。

　ここまでご紹介してきた「指示」「提案」のアプローチにおいても、プレーヤーの状態を確認することが重要であり、そのためには、この「質問」のアプローチが不可欠と言えます。

　それでは、どのように「質問」をすればよいのでしょうか。

　まず「質問」の方法には、クローズドクエスチョンとオープンクエスチョン（あるいはオープンエンドクエスチョン）の大きく２つの種類があります。

　クローズドクエスチョンは、「はい」と「いいえ」で答えられる質問や、「犬と猫ではどちらが好きか」といったように、回答が限定的なものであるのに対して、オープンクエスチョンは、回答が非限定的で、さまざまな回答が可能な質問です。そのため、クローズドクエスチョンは、質問する側であるコーチがコミュニケーションの主役になりがちであることから、プレーヤーの状態をプレーヤー自身に言語化させるのであれば、オープンクエスチョンを多くする必要があることがわかるでしょう。

　次に、「質問」の中身については、プレーヤーの文脈に応じて変化させる必要があります。プレーヤーの年齢や競技水準が比較的低い場合は、できるだけ具体的で、回答が限定的な「質問」を多めにしたり、回答できなかった場合などは、追加の質問をしたりするなど、プレーヤーが回答しやすい状態をつくるとよいでしょう。年齢や競技水準が高い場合は、「相手の戦術のコンセプトは何だろう？」のように、より概念的、哲学的な内容を加えたり、コーチとプレーヤー、プレーヤーとプレーヤー間の対話を多くしたりすることで、より「主体的」で「対話的」な学びが期待できます。

「質問」をする際に注意すべき主なポイントは以下のとおりです。

①プレーヤーが回答しやすい状態を保つ

　プレーヤーによっては、これまでコーチからのオープンクエスチョンに慣れていない場合もあり、いきなりオープンクエスチョンで問われても、考えることができず、頭が混乱してしまうかもしれません。また、回答しても否定されることが多いと、心理的安全性が低くなり、いずれ回答しなくなってしまいます。

　そのため、オープンクエスチョンの機会を徐々に増やしながら、プレーヤーが回答することを推奨し、発言内容を承認することが必要です。また、否定的で後向きなニュアンスを含む「なぜ」「なんで」を使う場合は、声のトーンや言葉づかい、表情などに注意しながら、プレーヤーが建設的で前向きに考えられるよう心がけてください。

②「誘導尋問」になっていないか

　コーチが望む回答を暗示して、その回答を得ようとした場合、プレーヤーはコーチに制御されているという感覚を持ち、結局は「やらされる」状態の「外的調整」の状態になってしまいます。「誘導尋問」にならないようにするためには、コーチ自身の先入観や過去の成功体験から距離を置き、目の前のプレーヤーに集中するとよいでしょう。

☀委譲（DELEGATE）

　最後に、「委譲（DELEGATE）」というアプローチについてご紹介します。「DELEGATE」という英単語には、「権限などを人に委任する」「委譲する」といった意味がありますが、「任せきり」にしたり「放任」したりすることとは違います。「委譲」は、プレーヤーが「主体的」に取り組めたり、プレーヤーが他のプレーヤーと「対話的」に教えあったりする機会や場を、コーチが整えるといったアプローチのことです。

　コーチによっては、機会や場を設定したあとも、あれこれ手をかけたくなるかもしれませんが、プレーヤーを信じて任せてみることが重要です。

コーチは、「委譲」したあとのプレーヤーの状態（どのように考え、どのような行動を取るのか）を観察することで、プレーヤーが「主体的」で、「対話的」な学びができているかを確認しましょう。よく観察することで、プレーヤーのことをより深く理解することもできるでしょう。

「委譲」をする際に注意すべき主なポイントは以下のとおりです。

①プレーヤーの状態を確認する

「委譲」する内容にもよりますが、プレーヤーの準備ができていない状態で「委譲」したとしても、コーチが期待するような「主体的」で、「対話的」な学びにはつながらないでしょう。他のアプローチも使いながら、プレーヤーに「委譲」できる状態を整える必要があります。

②放任にならないようにする

コーチは、「委譲」した機会や場を設定して終わりではなく、適切に機能しているかなど、プレーヤーの様子を観察し、時には、「指示」や「提案」、「質問」のアプローチなどを使って、機会や場を整える必要があります。

☀組み合わせ・使い分けが大切

「指示」「提案」「質問」「委譲」についてご紹介しましたが、コーチはプレーヤーの「主体的」で「対話的」な学びを支援するために、それぞれのアプローチを組み合わせたり、使い分けたりする必要があります。それぞれのアプローチを単独で使っておしまいではなく、適切に組み合わせ、コーチング文脈にあわせて使い分けていくことが重要なのです。

まずは、実際のコーチングにおいて、それぞれのアプローチを使ってみましょう。実践後には、省察を実施し、自身のこれまでのコーチングにおいて、どのアプローチが多かったのか、どのアプローチがうまくいかなかったのかなどを評価し、苦手なアプローチがある場合は、改善に向けた学びと実践、省察を繰り返し、すべてのアプローチを使いこなすことを目指しましょう。

7 意見の対立があったら どうしていますか？

　最後に、意見の対立や衝突を意味する「コンフリクト」がコーチとプレーヤー、コーチと保護者などのアントラージュの間などで発生した際に、コーチとしてどのように対応したらよいのかをお伝えします。

協調的アプローチを心がけよう！

　「コンフリクト」は、人と人との間、あるいは組織間で発生することが多く、厄介なもの、避けたいものと考えられるかもしれませんが、ピンチはチャンスと言うように、適切に対応することができれば、個人や組織の成長につなげることも可能です。ここからは、コンフリクトをどのように解決するか、コンフリクト・マネジメントについてご紹介します。

　コンフリクト・マネジメントを行う方法には、競合的アプローチと協調的アプローチがあります。

①競合的アプローチ

　コンフリクトを勝負事として捉え、自分が相手に勝つことを目標に、自分の主張を通すことを最優先した言動を選択していく方法です。勝ち負けが決まることから、勝ったほうは満足な状態、負けたほうは不満足な状態となる場合がほとんどです。そのため、その後の人間関係も崩れてしまい、大きな不利益を被る可能性もあります。時には、勝ったほうもイヤな気分になり、全員が負の感情を持つこともあります。

②協調的アプローチ

　問題の本質に目を向け、なぜコンフリクトが発生しているのかを共に

考え、対応策を一緒に創出していく方法です。まずは双方がウィン－ウィンの状態となるように解決策を創出しようと双方ともに努力するため、最終的にお互いが満足した状態で対話を終える可能性が高くなります。

　コーチの皆さんは、コンフリクト・マネジメントを行う際に、コーチが持つ試合出場やメンバー選出といった権限によって、プレーヤーや保護者に対して優位性を持つことが多いことを認識する必要があります。そのため、コーチが行うコンフリクト・マネジメントは、協調的アプローチを積極的に採用するべきでしょう。

　なお、コーチが持つ優位性のために、意見の相違がある場合でも、プレーヤーや保護者などが意見を表明すらできずに、対立状態に至らない可能性もあります。そういった状況に陥らないためにも、日常的に、プレーヤーや保護者が意見を言える雰囲気や機会を設け、しっかりと受け止めることが重要です。ただし、根拠がない意見や理不尽な要求などを強引に突きつけてきた場合は、できるだけ第三者も交えた話し合いの場を設けるといった対応が必要でしょう。

まとめと第二部「ケーススタディー編」について

　この第一部「理論編」では、より良いコーチングを実践するために必要となる資質能力を向上させるための学びのヒントをお伝えしましたが、いかがだったでしょうか？　人間関係、あるいはコミュニケーションの課題に直面したとき、私たちは、相手など自分以外に問題の所在を見つけようとしがちです。コーチの皆さんには、自分自身に目を向け、学びを深め資質能力を向上することで、課題を解決されることを期待しています。

　第二部「ケーススタディー編」では、皆さんが日頃のコーチング活動において直面することが多いと思われる課題を具体的なケースに落とし込み、注目すべきポイントと望ましい対応や考え方について解説しています。

　すでにお伝えしているように、全く同じコーチング文脈は存在しませんが、より多くの文脈と望ましい対応や考え方を知ることは、学びを深める際に役立つことから、さまざまな機会でご活用ください。

第二部
ケーススタディー編

自身が受けた 厳しい指導で大丈夫？

　地元のスポーツチームにわが子が加入したのを機に、父親であるＡさんは、チームから「コーチとして手伝ってもらえないか」と声をかけられました。

　小中学生時代にそのスポーツの経験があったため、喜んで引き受けたのですが、コーチをするのは初めてで少々不安です。

　自分の現役時代を思い返すと、コーチから「ミスをするな！」と怒られたことや、「気合いが入ってない！」と頭をコツンとゲンコツされたことがよみがえってきました。チームを強くするには、そうした厳しい指導も必要なのかなあと考えています。

グッドコーチになるためのチェックポイント

❶プレーするスキルとプレーヤーの成長を支援するスキルは同じだと思いますか？

❷「厳しさに耐えること」が「良い練習」と思っていませんか？

❸自身が経験してきたスポーツ環境と指導対象者のスポーツ環境は同じですか？

自身の経験のみに頼らないコーチングをしよう！

▶ コーチとして必要なスキルを学ぼう！

　スポーツをプレーするスキルと、プレーヤーの成長を支援するスキルは異なります。また、自身に効果があったと思うトレーニング方法が、他の人に適するとは限りません。さらには、自身がプレーヤーだったころと現在では、さまざまな常識が変わっているはずです。コーチとして歩み始めたならば、コーチに必要なスキルを身につけられるよう、積極的にコーチ資格の取得、各種研修の受講、優れたコーチとの対話などに取り組みましょう。

▶ コーチは「厳しい練習」ではなく「良い練習」を支援しよう！

　時には理不尽な厳しい練習に耐えたことで上達し、人間としても強くなったと思っている人は要注意です。自分の経験を美化し、今の自分があるのはあの苦しさを乗り越えたからだと思っていませんか。成長に必要なのは「苦行」ではなく、質・量とも適切な負荷がかかる「良い練習」です。子どもたちに、しなやかな心、やり抜く力を身につけさせるには、「良い練習」で小さな成功体験を繰り返す適度な挑戦を続けることが必要です。

▶ 多様な文脈に対応できるよう、新しい知識やスキルを学ぼう！

　自分がプレーヤー時代に得たプレー経験は、指導において有利に働く場合もあれば、逆に柔軟な発想を妨げてしまい、経験則のみによる偏った指導につながってしまう可能性もあります。時代とともに社会が変化し、目の前のプレーヤーは同じように見えても日々変化しています。さまざまな文脈（コーチングが行われる場の特徴）に対応できるよう、自分以外の人の経験話に耳を傾けること、日々発展しているスポーツ医・科学等の最新情報に触れ続けることで、常に自らをアップデートしましょう。現代のコーチングでは、プレーヤーの特徴をしっかりと読み取り、そのプレーヤーに適したやり方を探っていくことが求められています。

あいさつや礼儀を大事にしたい

CASE 2

「コーチ、おはようございます」。集まってきた部員たちは次々とBさんのもとにやってきて、帽子を取って大声であいさつをしてくれます。

そのつどBさんは不機嫌そうに「うん」とうなずくだけですが、内心は「自分の指導が浸透している」と満足感で一杯です。

というのも、Bさんは、「あいさつの励行」をチーム方針として掲げ、あいさつを忘れたり、いい加減だと大声で叱るなどして、部員たちを厳しく指導してきました。その甲斐あって、今では黙っていてもあいさつをしてくれるようになりました。

グッドコーチになるためのチェックポイント

❶心からのあいさつとなっていますか？

❷コーチに怒られないためのあいさつ（行動）をさせていませんか？

❸プレーヤーに期待する振る舞いをコーチ自らが示していますか？

コーチがプレーヤーのロールモデルになろう！

▶ 形だけのあいさつではなく心からのあいさつを！

　あいさつが気持ちよくできるプレーヤーを見ると、応援したくなります。あいさつは人間関係を良好にする潤滑油となり、その後の関係性も左右します。子どもたちに礼儀を身につけてほしいと願い、スポーツを勧める保護者も数多くいます。しかし、このケースのあいさつは形だけになっていないでしょうか。あいさつは本来、相手との良好な関係性があれば自然に出てくるものであり、内発的な気持ちの表れとして行われることが望まれます。

▶ アメとムチの使い分けといった交換条件を前提とした指導を見直そう！

　あいさつを強制され、あいさつをしないと怒られる環境では、プレーヤーは怒られないためにあいさつをすることになってしまいます。コーチが求める振る舞いができないために叱られる光景は、コーチングの至るところで見られます。コーチの顔色をうかがい、コーチの機嫌を損ねないようにという目的のために行動するようになってしまえば、制御するコーチがいないところではあいさつをしようという動機が生まれません。いつでも心からあいさつができるプレーヤーを育成したいのであれば、アメとムチの使い分けといった交換条件を前提とした指導を控えることが必要です。

▶ あいさつは自ら笑顔で気持ちよく！

　誰に対しても内発的な動機で気持ちよくあいさつをするプレーヤーを育てたければ、コーチ自らが内発的な動機で気持ちよくプレーヤーにあいさつをするべきでしょう。不機嫌そうにプレーヤーのあいさつに応えるのではなく、むしろコーチのほうからプレーヤーにあいさつをし、他者との関係性を良好にしていくコミュニケーションスキルを示すことが求められます。そのような雰囲気をつくれば、プレーヤーは自然にコーチをロールモデルとして、心からのあいさつをするようになるでしょう。

チームの規律を守らせたい

　コーチのCさんは、チームのルールについて折に触れてプレーヤーたちに話をし、認識を共有してきたつもりでしたが、あるとき、主力プレーヤーの1人がルールを破る行為をしました。自分のそれまでの指導が無視されたように感じたCさんは、そのプレーヤーから事情を聴こうともせず、声を荒げて叱りつけました。

　「チームのルールを守らないのは許されない。罰としてグラウンドを10周走ってこい」。プレーヤーは何か言いたそうですが、結局は黙ってグラウンドを走り出しました。

グッドコーチになるためのチェックポイント

❶感情的になって視野が狭くなっていませんか？

❷罰によってプレーヤーを制御しようとしていませんか？

❸自分だけの視点で物事を判断していませんか？

その言動に至った内面にも寄り添おう！

▶常に俯瞰的な視野を持ち、他の要素や視点がないかと心がけよう！

　ルールを破ったことは事実かもしれませんが、頭ごなしに叱ることで見落としてしまっていることはないでしょうか？　怒りの感情を伴うと視野が狭くなり、思い込み（先入観）によって判断・行動してしまいがちです。常に俯瞰的な視野を持ち、他の要素や視点がないかと心がけることで、よりプレーヤーの思考や行動に寄り添って効果的にコミュニケーションをすることができるようになります。特にカウンセリング・マインドを持ち、プレーヤーの思考を傾聴・共感・受容する基本的態度を重視しましょう。

▶罰に頼らない方法でプレーヤーにルールを守らせよう！

　ルールそのものは適切でしょうか？　ルールはプレーヤーが自らの心身や、チームの秩序を守るうえで大切な役割を担うからこそ、プレーヤーが主体的に立案に携わり、自ら意味を見いだせるようにしましょう。また、プレーヤーがルールに反した場合の対応として、罰則や罰ゲームを科すことは適切でしょうか？　罰による指導はその効果が長続きせず、何より深い学びになりません。そのため、罰に頼らないより有効な方法でプレーヤーがルールの重要性を理解できる環境づくりが求められます。

▶プレーヤーの力を借りながら適切に意思決定しよう！

　ルールに反したプレーヤーの行動に目が行きがちですが、その原因にコーチが関与している可能性はないでしょうか？　プレーヤーは、コーチから多くのことを学び取っています。まさにプレーヤーは、コーチを映し出す「鏡」です。コーチは、プレーヤーの振る舞いや成長を自らを評価する指標と捉え、それを軸にコーチング実践（自らの所作）をより良いものにしていくべき時代を迎えています。そのためにも、プレーヤーとともに歩むマインドを忘れず、共感のためのコミュニケーションスキルを高めていきましょう。

CASE 4 プレーヤーから意見されるのは恥ずかしい

　次の試合に向けた戦術を考え、トレーニングを進めていたＤコーチは、あるプレーヤーが指示と違う動きをしたのを見て、プレーを止め、「そうじゃない。こうだろう」ともう一度動きを指示しなおしました。すると、そのプレーヤーは「私はこうしたほうがいいと思うのですが……？」と疑問を投げかけてきました。

　Ｄコーチは「そういうやり方もあるかもしれない」と思ったものの、みんなの前で恥をかかされたとムッとして、「黙って言うとおりにしろ！」と言いました。

グッドコーチになるためのチェックポイント

❶コーチというだけで暗黙的に備えてしまうパワーに気づいていますか？

❷自分と異なる考えに耳を傾けていますか？

❸プレーヤーの成長よりも、自分の体裁を保つことが優先されていませんか？

協調的アプローチで一緒に考えよう！

▶ コーチが持つ暗黙的なパワーを理解しよう！

　コーチングには採配要素と育成要素がありますが、採配時にもプレーヤーを育成していく意識を忘れてはなりません。距離を取ってプレーヤーを見守ったり、後ろから支えるといった長期的な育成のイメージを持てないと、目先の採配に気を奪われ、勝利至上主義と取られる指導になってしまうかもしれません。プレーヤーを支援しているつもりが、無意識にプレーヤーにプレッシャーを与え、コーチが個人の判断で好ましいと考えている方向に牽引（誘導）してしまっていることは少なくありません。したがって、コーチは自らの立場や権力について自覚する必要があります。

▶ プレーヤーの自発的な意見に耳を傾けよう！

　そもそもコーチとプレーヤーは違う人間であるため、考えていることも違っているのが当然です。その前提に立ち、日頃からプレーヤーと共通認識をつくり上げていく取り組みが必要です。プレーヤーから自発的な意見が出てきていることは、むしろ歓迎されるべき状況です。まずは判断を保留して、プレーヤーの意見に耳を傾け、もし、否定するならばその根拠をロジカルに説明できること（アカウンタビリティ）が重要です。プレーヤーは、コーチとのやり取りの中で豊かな経験をし、学びを深めていきます。

▶ コーチにとっても絶好の学びのチャンスと捉えよう！

　プレーヤーから意見されることは、決して恥ずかしいことではありません。プレーヤーがコーチとは異なる意見を持っているのであれば、それは双方にとって学びのチャンスです。どちらが正しいという競合的な解決ではなく、双方の考えを支える理由を共有し、問題の本質に目を向けて、全く新しい解決策を一緒に考える協調的アプローチを取ってみるのも有効です。さらに、これまで時間をかけて検討することのできなかった他の課題についても、プレーヤーと一緒に話し合ってみましょう。

CASE 5 プレーヤーの ミスを減らしたい

　Eコーチの作戦が成功し、チームは終始優位に試合を進めています。「よし、これで勝てるかもしれない」と期待を寄せて試合を見ていたところ、あるプレーヤーがミスを繰り返し、それを機に形勢が逆転しはじめました。

　味方はピンチの連続で、点差がどんどん縮まっていきます。ミスを繰り返すプレーヤーを交代させようにも、すでに規定の人数を使い切っており、現メンバーで乗り切るしかありません。Eコーチはカリカリしつつ、怖い顔でそのプレーヤーをにらみつけました。

グッドコーチになるためのチェックポイント

❶プレーヤーにどのような非言語的メッセージが伝わっているか意識していますか？

❷自らがプレーヤーになっていませんか？　コーチの視点から見ていますか？

❸保護者も含めたチーム全体の前向きな雰囲気をつくれていますか？

コーチとしてできることに意識を向けてみよう！

▶ 表情やジェスチャーも意識しよう！

　「目は口ほどに物を言う」と言われますが、言語を伴わない表情やジェスチャーといった、あらゆる所作が情報を発受する手がかりになります。そのため、相手が特に体力や能力、経験が劣るジュニア年代のプレーヤーであれば、コーチの「カリカリしつつ、怖い顔」が相当なプレッシャーを与えていることは想像に難くありません。そのような態度がプレーヤーのミスばかりか、ミスの連鎖をも誘う状況を生み出しているかもしれません。

▶ コーチとしての客観的な視点を保持しよう！

　コーチはプレーヤーではありません。あくまでもプレーヤーという立場ではなく、コーチとしての立場で役割を果たす必要があります。コーチは客観的な視点を維持して、ミスの原因を究明したり、より良いゲーム展開を開拓するなど、プレーヤーに必要な資質能力を見極め、それらを高めていく課題や環境を整えることを意識しましょう。その際、プレーヤーが新たなことにチャレンジできているかにも注目してください。プレーヤーは、これまでに得た経験や知識を適用できない場面に遭遇した際、新たな学びを得て成長していきます。コーチは客観的な視点を持って、プレーヤーの学びを支援していきたいものです。

▶ チーム全体の前向きな雰囲気を醸成しよう！

　まだ経験の浅いプレーヤーにとって、大人であるコーチや親の存在はきわめて重要です。そこでコーチはプレーヤーのみならず、その親にとっても良き見本（ロールモデル）になることが求められます。プレーヤーは、コーチが何を教えてくれたかは覚えていませんが、どのような人であったかはよく覚えていると言います。コーチは、プレーヤーにとって最も身近な存在である親とも連携し、長期的な目線でプレーヤーの成長を支援していくチームの環境や文化を形成していくことが重要です。

審判には
しっかり判定してほしい

CASE 6

　試合が伯仲するなか、Fコーチのチームは接触プレーで競り負けて相手チームに点を入れられ、逆転されました。それを見て、Fコーチは、「あれはファウルだ！」と大声で審判に詰め寄りました。

　審判が改めてセーフのジェスチャーをすると、なおも「どこを見てるんだ。相手プレーヤーは明らかに反則行為をしていたではないか。判定はおかしい！」と激しい口調で抗議を続け、自チームのプレーヤーたちも審判を取り巻いて、口々に「ファウルだ」「ファウルだ」と叫んでいます。相手チームはすっかり白けきった表情です。

グッドコーチになるためのチェックポイント

❶審判はなぜ必要なのでしょうか？

❷その自己主張の方法はグッドコーチとして適切ですか？

❸スポーツを本当に楽しむためには勝敗以外に何が大切でしょうか？

審判を尊重し、スポーツの価値を守ろう！

▶審判が存在する意味を考えよう！

　より公平で公正な試合を楽しもうとする場合、多くの競技で審判は不可欠ですが、その呼び名は競技によって異なります。例えばレフリーは「権限を委譲した人」、アンパイアは「第三者」、ジャッジは「判定者」です。審判にはそのスポーツの文化が色濃く反映されており、審判を尊重（リスペクト）することは、その競技の価値を守ることにつながります。権限を委譲したはずのレフリーに、激しい口調で抗議を行うのは不適切です。

▶自己主張はアサーティブに！

　競技によっては、審判の判定に不服申し立てをすることが許されている場合があります。その場合でも、決められた方法で、かつアサーティブ（assertive）であることが大切です。アサーティブとは、相手の気持ちや立場を尊重しつつ、自分の意見を率直に主張することです。自分の主張を無理に押し通そうとするのではなく、審判へのリスペクトを忘れず、冷静に行うことが肝心です。特にコーチが審判に接する態度は、プレーヤーのお手本になるべきです。審判ならびに双方のプレーヤーがその後も気持ちよく、より公平で公正な試合が継続できるように配慮しましょう。

▶勝敗だけでなくプレーを楽しもう！

　剣道では「打って反省、打たれて感謝」という言葉があります。たとえ勝ったとしても、正しく打ち込めたかを謙虚に反省し、仮に負けたとしても、自らのスキを打って教えてくれた相手に感謝するという意味です。ここには、審判など試合を成り立たせてくれた人への感謝の気持ちも含まれています。したがって、たとえ誤審があったとしても、剣士が審判に不服申し立てをすることはいっさいありません。これは一例ですが、審判への接し方はどうあるべきかを考えてみることで、よりスポーツを楽しむコツが見つかるかもしれません。

CASE 7 プレーヤーの成長を見守りたい

　大会の1回戦で敗れ、がっかりするGコーチの目に、数人のプレーヤーが1人のプレーヤーを取り囲んで、「おまえのせいで負けた」と一方的に責めている光景が映りました。責められているプレーヤーは、スポーツはあまり得意ではありませんが、競技が好きなのか、トレーニングを一度も休んだことはありません。

　Gコーチはその努力を買って試合に出場させたのですが、そのプレーヤーのミスをきっかけに逆転されました。そのプレーヤーには、さらに努力してほしかったため、あえて間に入らずに見守ることにしました。

グッドコーチになるためのチェックポイント

❶倫理観や社会規範に反する行動をしていませんか？

❷チームが大事にする価値基準をプレーヤーと共有できていますか？

❸プレーヤーが意見を言い合える場をつくっていますか？

チームの「価値基準」をつくろう！

▶ 毅然とした態度で対応しよう！

　Gコーチは、数人のチームメイトが試合でミスをした1人のプレーヤーを取り囲んで責める様子を「見て見ぬふり」で放置しました。でも実は、そんなコーチの姿をプレーヤーたちは見ているものです。コーチが放置していることにより、プレーヤーたちは自分たちのしていることは悪いことではない、コーチが容認してくれていると認識します。プレーヤーがスポーツを通して倫理観や社会規範を学び、人として成長できるよう、良くないことは良くないと毅然とした態度で対応しましょう。

▶ チームとして大事にする価値基準を共有しておこう！

　Gコーチは、休まずトレーニングに来ているプレーヤーの努力を買って、試合に出場させました。コーチは、そうした「努力」を大事にする価値基準をあらかじめチームで共有しておくことが重要です。仮にチームとして勝利を重要視していたとしても、努力を続けるプレーヤーにチャンスを与えることによって、将来的には他のプレーヤーよりうまくなって、チームの強化に貢献してくれる可能性も高まります。スポーツに取り組む姿勢に価値を置くことで、グッドプレーヤーを増やし、より強く、より愛されるチームになることも可能ではないでしょうか。

▶ 話し合える場をつくろう！

　トレーニングや試合を自分たちで振り返ることはとても重要です。振り返り（リフレクション）とは、自分やチームのプレーや判断の傾向を振り返り、改善点を見つけ出すことで、良いチームをつくるうえで欠かせません。振り返りでは、悪いところばかりを指摘するのではなく、お互いの良かった点や、次の練習や試合では具体的にどうするかを言い合える雰囲気をつくることが重要です。振り返りの場をつくり、プレーヤーがお互いに成長できる機会を確保しましょう。

試合で勝つための トレーニングをやらせたい

　Hコーチのチームは、最近試合でなかなか思うように勝てません。「もっと練習量を増やさないと。今はゆるすぎる」と考えたHコーチは、今よりもきついトレーニングメニューを考え、プレーヤーたちに発表しました。「次の試合で勝つにはこれくらいの練習が必要だ！　俺たちの目標は大会での優勝だ！　ついてこられないやつはチームにはいらない！」と、プレーヤーのやる気を引き出すために強い気持ちで伝えましたが、プレーヤーたちはイヤそうな顔をして下を向いてしまいました。

グッドコーチになるためのチェックポイント

❶トレーニングメニューは科学的に考えられていますか？

❷プレーヤー一人ひとりの目標を把握していますか？

❸プレーヤーにトレーニング効果を実感させられていますか？

「やらせる」トレーニングから脱却しよう！

▶ トレーニングは何のため？　目標から逆算して考えよう！

　トレーニングメニューを決める際、どのような視点で考えていますか？「今のままのゆるい練習メニューでは勝てない。勝つために、もっときついトレーニングを導入する」という説明だけでは、プレーヤーの自己決定の度合いは高まらず、納得も得られないでしょう。目標から逆算して、なぜ、そのトレーニングが必要なのか、実際のパフォーマンス向上にどのくらい効果があるのか、についてプレーヤーに対して明確に説明しなければなりません。そのうえで、どのようなプレーの習得を目指すか、そのために必要なことは何かを、身体的な面や技術的な面から洗い出しましょう。さらに、それらを達成するためには、どのようなトレーニングがどれくらい必要かを分析したうえで、現状にあわせてメニューを作成しましょう。

▶ 目標はプレーヤーとともに設定しよう！

　あなたはプレーヤー一人ひとりの目標を把握していますか？　チームの目標、プレーヤーの目標をコーチが勝手に設定していませんか？　目標を達成するために必要なトレーニングであることをプレーヤーが認識していれば、プレーヤーも納得してトレーニングに打ち込めます。しかし、コーチによって一方的に設定された目標に向かって厳しいトレーニングをするのでは、やる気も失われてしまいますし、トレーニング効果も上がりません。目標が低いのであれば、まずはその目標を1つずつ達成し、成功体験を重ねていくなかで、高い目標を目指せるようプレーヤーを導いていきましょう。

▶ トレーニング効果を実感させよう！

　トレーニング効果はすぐに現れるものではありませんが、効果を実感できないと続けるのがつらくなります。小さな目標をこまめに、具体的に設定して、プレーヤーが成長を実感できるように工夫しましょう。

規律や長幼の序を学ぶための伝統を守りたい

CASE 9

I コーチのチームでは、練習の準備や片づけ、試合の際の荷物運びなどの雑用は、1 年生の役割と伝統的に決まっています。ある日、大切な試合で使用する用具を忘れてきてしまいました。幸い、知り合いのチームに用具を借りて試合に出場することはできましたが、先輩たちは怒り心頭です。

I コーチは、1 年生だけでチームのすべての雑用を行っていることを知っていますが、この慣習を変えるつもりはありません。それは、先輩たちも 1 年生のときに同じことをしてきており、むしろ、規律や長幼の序を学ぶ良き伝統だと考えているからです。

グッドコーチになるためのチェックポイント

❶今あるチームの慣習に対して、不満を抱えたプレーヤーはいませんか？

❷チームの雑用は誰が担当するべきですか？

❸チーム運営に関して、メンバー全員で役割分担できていますか？

伝統（慣習）も時代にあわせて改善していこう！

▶チーム運営に関わるすべての慣習は、定期的に見直そう！

　今回は、たまたま知り合いのチームから用具を借りて、なんとか試合に出場することはできましたが、最悪の場合、試合参加を取りやめなければならない事態も起こり得ました。あなたのチームに、みんながおかしいと思っているのに誰もやめようと言わない謎の慣習は存在しませんか。チームに伝統として受け継がれる慣習も含め、チーム運営に関わるすべてのルールや決め事については、保護者などの関係者も交えて、チーム全員で定期的に見直してみましょう。

▶メンバー全員で等しく分担しよう！

　練習や試合は、チーム全員が参加して取り組むわけですから、受益者負担の考えからすると、本来、練習の準備や片づけ、試合の際の荷物運びは、チーム全員で行うことが至極当然でしょう。１年生だけの少ない人数で対応するよりも、チーム全員で分担したほうが、１人当たりの負担も少なくて効率的です。また、試合で必要な用具は、チーム全員で確認して準備したほうが忘れ物も少なくなるでしょう。「誰かがやってくれるだろう」と他者に頼るのではなく、メンバー全員で偏りなく役割を担うルールに改めましょう。

▶役割分担を明確に！

　過去に自分たちがイヤイヤやらされてきた雑用を、「自分たちもやってきたから」という理由だけで、今の１年生にも同じイヤな思いをさせることは、はたして健全な方法と言えるでしょうか。チーム環境を改善するための第一歩は、役割分担を明確にすることです。チームの目標達成に向けて、誰も得しない慣習はなくして、おかしいルールは変えていく勇気が必要です。そのことが、プレーヤー一人ひとりの「このチームの一員で良かった」というチームへの帰属意識を高めることにつながるでしょう。

CASE 10 指示どおりに動く プレーヤーを育てたい

「〇〇、もっと右だ、右」「△△はもっと左へ」。Jコーチは試合中にベンチから身を乗り出して、競技するプレーヤーに細かく指示を出すのが常です。そのたびにプレーヤーは右往左往し、試合中にもかかわらず、「何を言われるか」とJコーチのほうばかりを気にしています。

Jコーチは、プレーヤーはチームのコマであり、そのコマを動かしてチームを勝利に導くのがコーチである自分の役割と信じているため、プレーヤーが指示どおりに動かないとイライラしてしまうのです。

グッドコーチになるためのチェックポイント

❶プレーヤーは自分の指示どおりに動いてくれればいいと考えていませんか？

❷プレーヤーの成長を望んでいますか？

❸プレーヤーの主体性を引き出すように働きかけ、見守ることができていますか？

自己効力感を育むコーチングをしよう！

▶ プレーヤーはコーチのコマではない！

　プレーヤーがコーチの指示に従って動くチームと、プレーヤーがコーチのやりたいことを理解して自由に動くチーム。どちらのチームのプレーヤーがより楽しそうにプレーしているでしょうか？　コーチの指示どおりに動くことで、プレーヤーのミスは大幅に少なくなり、コーチが望む結果が出るかもしれません。しかし、コーチの指示どおりに動くだけではプレーヤーは楽しめないし、プレーヤーとしての成長も期待できません。

▶ 意思決定の機会を保証し、自分で判断・行動する機会を与えよう！

　このケースのように、プレーヤーに対して一から十まで指示を出すコーチのチームでは、自分のプレーや判断に自信が持てず、「自分はできる！」と自分を信じること（＝自己効力感）ができないために、コーチに依存してしまうプレーヤーが多くなりがちです。このような状態が続いた場合、いつまでもコーチが中心で、コーチの指示を受けないと、プレーヤーはどのように動いたらよいかわからない、コーチの考えに依存したチームになってしまいます。

▶ プレーヤーは、最初から主体的に動くことはできない。
　コーチの適切なプッシュとプルが必要！

　プレーヤーに意思決定の機会を与えると、必ず自分たちで主体的に行動できるようになります。しかし、いきなり「みんなで考えて！」と言ってもできないため、まずはコーチが自分の考えを説明して、主体的な話し合いを後押し（プッシュ）してください。ここで大切なことは、考えるための材料やヒントは与えても、答えを与えない（プル）ことです。そうすることで、なんとか自分たちで答えを導き出そうとします。考える習慣がなかったプレーヤーが、自分たちで答えを出せるようになるには当然時間がかかるため、コーチには忍耐力が求められます。

プレーヤーに最適な トレーニングを取り入れたい

　「従来のトレーニング方法は間違っている。私の考えではこうするべきだ」。新しく着任したKコーチは、プレーヤー全員を前にこう切り出しました。Kコーチには、そのスポーツに関する独自の考えがあり、このチームで試してみたいと思っています。

　プレーヤーたちは黙って耳を傾けていますが、あまりにもこれまでの常識とはかけ離れた理論に、内心では「それって正しいのだろうか」と半信半疑の様子です。Kコーチはそれに気づいていないのか、なおも熱心に自分の考えを押し通しました。

グッドコーチになるためのチェックポイント

❶コーチ自身の経験や知識だけで、プレーヤーに接していませんか？

❷自身の主観的な思いや考えだけで、コーチングしていませんか？

❸プレーヤーのニーズやチーム風土（文化）を無視していませんか？

チーム風土にあわせたコーチングをしよう！

▶ プレーヤーが受け入れられる情報量と内容を意識しよう！

　このケースのように、より良い指導を目指すというコーチの気持ちが強くなりすぎるあまり、自身の考えをプレーヤーに一方向的に押しつけてしまう場面も目にします。コーチからの一方向的な指示だけにならず、プレーヤーが受け入れられる情報量と内容を意識することが重要です。コーチの伝えたい本心が伝わっているのか、プレーヤーへ効果的な問いかけを用い、理解を確認しながら、トレーニングのアウトカム（目的、期待される結果、出したい成果）や意味・理由を明確に説明することが大切です。

▶ 自身の考えが正しいのか、客観的な視点から確認してみよう！

　コーチは、過去の経験やその予測、思い込みなどから、「△△は正しい」とか、「○○であるべき」といった主観的な思考に左右されがちです。「本当に正しいのか」「間違っていないか」と批判的に問いかける客観的な思考（批判的思考）が必要となります。“批判的”な思考とは、「否定する」「非難する」のとは違い、自分が認知していることを客観的に把握し、コントロールすること（メタ認知）が大切になります。コーチは、自分の考えが本当に正しいのか、自問自答し、プレーヤーと接してみましょう。

▶ プレーヤーのニーズやチーム風土にあわせたコーチングをしよう！

　コーチング現場は１つとして同じものはなく、プレーヤー個人の競技歴やレベルなどといった文脈が異なります。また、チーム風土と呼ばれるチームが持つ文化的特徴（地域に応援される文化、勝ち続ける文化など）や、プレーヤーを取り巻く人的・物的環境が異なります。可能であれば、これまで担当していたコーチや地域のコーチなどと、普段からのなにげない情報交換も有効かもしれません。特に新規で着任した場合は、これまでのチーム風土にも目を向け、お互いの考え（ニーズ）を受け入れ、共創的なアプローチを心がけましょう。

CASE 12 試合でのミスを少なくしたい

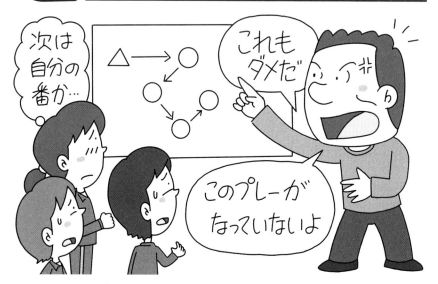

　試合終了を告げる笛が鳴り、チームはあえなく準決勝で敗れました。優勝をねらっていただけに悔しさでいっぱいのLコーチは、ロッカールームでプレーヤーとともに反省会を開きました。点を入れられたシーンなどを取り上げて、ホワイトボードを使ってプレーヤーの動きを分析し、「このプレーがなっていない」「これもダメだ」などと次々とミスを指摘していきます。

　ミスを責められたプレーヤーはうなだれ、他のプレーヤーも「次は自分の番か」とびくびくしながら、Lコーチの話を聞いています。

グッドコーチになるためのチェックポイント

❶安心して意見が言える環境はありますか？

❷失敗（ミス）を中心とした指摘になっていませんか？

❸感情的でネガティブな指摘になっていませんか？

視点を変えてモチベーションにつなげよう！

▶ 心理的安全な場をつくろう！

「心理的安全性」とは、組織の中で自分の考えや気持ちを誰に対してでも安心して発言できる状態を言います。このケースのように、プレーヤーがびくびくしながら話を聞いている状況では「心理的安全性」が担保されているか疑問です。コーチからの一方向の伝達にならず、プレーヤーの意見を聞き出し、共に成長できる環境を整えましょう。そのためには、他者の意見を否定せずに受け入れ、安心して意見を言える環境整備が必要です。

▶ 失敗（ミス）をポジティブに捉えよう！

スポーツは、失敗（ミス）が起こるものです。例えば、試合終了まで「3分 "しか" ない」ではなく、「3分 "も" ある」と考えることで、過度なプレッシャーが軽減され、最後まで良いパフォーマンスが発揮されることもあります。ミスに対して、ネガティブな思考にフタをするのではなく、視点を変え「これもプレーヤー（チーム）がさらに成長することのできる機会だ」と捉えることで、更なる成長につながるのではないでしょうか。

▶ プレーヤーの成長に向けたアドバイスをしよう！

プレーヤーは、自身の気持ちの整理のみならず、周囲の人間の計り知れない想いを感じているはずです。まずは、プレーヤーから意見を聞いてみましょう。また、感情的な指摘ではなく、プレーの修正方法やプレーヤーの視点にあわせたアドバイスを心がけましょう。その際、プレーヤーごとに身体能力やプレーなどの理解度に違いがあるため、他のプレーヤーやチームとの比較、コーチの理想を一方的に押しつけることは控えるべきです。プレーヤー自身の成長の度合いを評価し、プレーヤーからの意見を引き出し（質問）、丁寧に聴き（傾聴）、存在や発言を受け入れる（承認）というアプローチを上手に取り入れ、フィードバックしていくことが大切です。その結果、次へのモチベーションにつなげていきましょう。

プレーヤーが目指す試合・大会で良い結果を出したい

CASE 13

無理をすれば何とか…

10月
1 2 3 4 5
8 9 10 11 12
　　大会
15 16 17 18 19
22 23 24 25 26
29 30 31

重要な大会前には復帰して試合に出てもらいたい

大会の1週間前にトレーニングに出てこれないかな

　ケガをして休んでいた主力プレーヤーが、復帰に向けてMコーチのもとに相談に来ました。医師からは、完治にはまだ時間がかかると言われていますが、Mコーチとしては、重要な大会が近づいているため、ぜひその前に復帰して試合に出てもらいたいと内心考えています。

　壁にかかっているカレンダーを眺めつつ、Mコーチは言いました。「大会が〇日から始まるから、その1週間前にトレーニングに出てこれないかなあ」。プレーヤーが「無理をすれば何とか……」と答えると、「じゃあ、頼んだわよ」とMコーチは早めの復帰を決めました。

グッドコーチになるためのチェックポイント

❶チームの都合や目先の勝利を優先していませんか？

❷ケガの対応や復帰の判断は、根拠にもとづいていますか？

❸長期的な視点を持ってプレーヤーを指導していますか？

プレーヤーの将来を見据えた判断をしよう！

▶ 1人のプレーヤーを尊重した対応をしよう！

　コーチの役割の1つは、プレーヤーの目的や目標達成を最大限支援することです。目指すゴールとして、試合での勝利が設定されることも多いでしょう。しかし、コーチの都合やチームのためだからと言って1人のプレーヤーが健康と安全を脅かされ、不利益を被ることは許されません。「大会が〇日から始まるから、その1週間前にトレーニングに出てこれないかなあ」との申し出は、プレーヤーの本音を引き出すことに十分に配慮されていると言えますか？　グッドコーチとして、いついかなるときも目の前のプレーヤーを尊重し、身体的、心理的な安全の確保を心がけましょう。

▶ ケガからの復帰は、根拠にもとづいて判断しよう！

　コーチとして、ケガからの復帰に関する判断をしなくてはならない状況も珍しくないでしょう。しかし一方では、日々の行動に説明責任を問われることも忘れてはいけません。自身に医・科学的な知識がないかぎり、ケガや復帰に関連した判断は控えるべきであり、最終的な判断は医師をはじめとしたケガの専門家へ相談し、プレーヤー本人や年齢によっては保護者にも相談のうえで、プレーヤーと支援者全員が納得できるものにしましょう。

▶ プレーヤーの将来を見据えたコーチングを心がけよう！

　グッドコーチには、長期的な視点を持ってプレーヤーの成長を支援することが求められます。「無理をすれば何とか……」。この無理が更なるケガにつながり、選手生命を脅かしたり、そもそもスポーツがつらく、つまらないものになってしまう可能性もあります。たとえ自身がコーチを務めるのが短期間だったとしても、目の前のプレーヤーが長期的に競技を続けることを見据え、先見性を持って指導にあたることが重要です。グッドコーチとして、プレーヤーの将来とスポーツの価値を守る行動を心がけましょう。

他チームのコーチとは
トラブルを起こしたくない

　試合中、コーチのNさんは、相手チームのコーチの怒鳴り声を耳にして、心がざわつきました。そのコーチは、ミスをした味方のプレーヤーに対して、「何をやってるんだ、この下手くそ！」などと、ベンチから身を乗り出して大きな声で罵声を浴びせ、言われたプレーヤーは、すっかり萎縮して本来のプレーができないようです。

　相手チームのコーチは活を入れているつもりかもしれませんが、「何もそこまで言わなくてもいいのに。あれじゃ、プレーヤーがかわいそうだ」と、Nさんは怒鳴られているプレーヤーに同情しました。

グッドコーチになるためのチェックポイント

❶他のコーチのハラスメント行為を見過ごしていませんか？

❷プレーヤーや保護者の安全・安心を守っていますか？

❸現場の課題について、コーチの仲間と共有できていますか？

他のコーチとともに成長していこう！

▶ 他のコーチのハラスメント行為にも注意を向けよう！

　スポーツの指導現場から不適切な行為を根絶することが、コーチの使命となっています。昨今、第三者からの通報で行為が発覚することも多くなっており、コーチとプレーヤーのやりとりは、保護者をはじめ、第三者から注目されていることを認識しましょう。このケースのように、意識せずに怒鳴ってしまう指導者に対しては、試合後に話す時間をつくり、第三者から常に注目されていることを伝えてみましょう。理解してくれないかもしれませんが、その行動がコーチの不適切な行為を根絶する第一歩となります。

▶ プレーヤーや保護者に安全・安心な場を約束しよう！

　行為を見た自チームのプレーヤーやそれを見学している保護者の方々も、同様の受け止め方をしているかもしれません。まずは、プレーヤーが不安を抱えていないかケアしましょう。プレーヤーや保護者は、楽しく健全なスポーツ活動に参加したいと思っています。コーチは、プレーヤーに安全・安心な場を提供することを約束しましょう。不要な罵声や、プレーヤーの尊厳を傷つけるような発言は絶対に許されないし、もし起こったときには厳正に対処して、プレーヤーを守ることを伝えましょう。

▶ 他のコーチと課題を共有してみよう！

　相手チームのコーチに対して、「不適切な行為ではないか」と指摘することは難しいと思われるかもしれません。しかし、そのスポーツを普及したり、コーチング活動の価値を高めるためには、他のコーチの倫理的行動も重要な要素になります。また、コーチの学ぶ場として指導現場におけるコーチ同士の関わりあいが重要です。コーチング現場での課題を自分だけで思い悩むのではなく、周りで活動しているコーチと意見交換できるコミュニティをつくって課題を共有することで、解決方法がきっと見つかるでしょう。

セクハラには注意したい

　「ひょっとして、セクハラと言われるかもしれないな」。男性コーチのO さんは、女子プレーヤーのフォームを矯正するために身体に触れようとして、慌てて思いとどまりました。彼女のフォームをスマートフォンで撮ってチェックし、どう直せばよいかを言葉で細かく説明するのですが、肝心のポイントとなるところの身体の動きがうまく伝わらず、なかなか理解してもらえません。

　「身体に触れてコーチングできれば早いのだが……」。Oコーチは、フォームを矯正したくてもできないもどかしさを感じています。

グッドコーチになるためのチェックポイント

❶状況に応じた、より良いアプローチを模索し続ける姿勢を持っていますか？

❷プレーヤーの思考を促すアプローチを取っていますか？

ベストなアプローチを模索し続けよう！

▶ より良いアプローチを模索し続ける姿勢を持とう！

　セクハラの可能性を感じ、身体に触れることを思いとどまったのは、正しい判断です。しかし、Ｏさんの言動から推察すると、過去に、フォームの矯正方法として身体に触れた指導で成功体験があるようです。ここで重要なのは、自身の経験則に固執せず、直面する状況に応じた、より良い代替案を模索するという姿勢です。スポーツにおいてフォームや動作は、長い年月にわたって、さまざまな経験を通じて形づくられるものであり、一朝一夕で変えられるとは限りません。うまくいかない責任をプレーヤーに押しつけることなく、「別のアプローチ方法はないか？」と、自身でコントロール可能なコーチングに課題意識の矢印を向けましょう。効果的なコーチングとは、指導する相手や状況に応じて変化するものであり、「これだけやれば大丈夫！」といった正解は存在しません。今この瞬間のベストな方法に思考を凝らし、より良いコーチングを目指していきましょう。

▶ GROW モデルでプレーヤーの思考を引き出そう！

　動画を見せて、フォームをどう直せばよいかを言葉で細かく説明するというアプローチにおいては、コーチが一方的に教え込み、プレーヤーの考えを引き出せていない可能性もあります。ここではプレーヤーの思考を促す GROW モデルを紹介します。

　GROW モデルとは、Goal(何を目指していた？)、Reality(実際の結果はどうだった？)、Option(別のやり方はある？)、Will(次はもっとうまくやるためには？) というように、GROW の頭文字にあわせて４つのステップで振り返りを行うものです。各質問を通じて、より良いプレーに向けた思考を促せることはもちろんですが、プレーヤー自身の考えや、どこでつまずいているのか、修正に向けた手がかりを得ることができます。フォームを獲得するのはプレーヤー本人。本人から学びを進める手がかりを引き出し、二人三脚でより良い状態を目指していきましょう。

CASE 16 保護者からの要望をできるだけ聞き入れたい

　Pコーチは、保護者などからパワハラと非難されるのを恐れて、プレーヤーに対して怒鳴ったり、体罰を加えたりするようなコーチングは控えてきました。ただ、成績が伴わないため、それを不満に思い、Pコーチに電話をかけてくる保護者もいます。

　「うちの子はもっと厳しく叱ってもらって結構です。なんならぶん殴ってもらってもかまわない。とにかく鍛えてやってください」。そこまで言われると、「保護者のお墨つきがあるのなら、少しくらいの体罰は許されるかな」と方針を変えるつもりでいます。

グッドコーチになるためのチェックポイント

❶時と場合によって、体罰は許されることもあると思っていませんか？

❷叱ることでプレーヤーが成長すると思っていませんか？

❸定期的に、保護者とコミュニケーションを取っていますか？

保護者とビジョンを共有し、複眼的に見守ろう！

▶ 短期的にプレーヤーが成長するとしても、体罰は絶対に許されない！

　保護者からの要望とはいえ、プレーヤーがグッドプレーヤーになるために、体罰は必要ありません。グッドコーチは、グッドプレーヤーの育成を通して、スポーツの社会的価値を高める人のことです。目の前の勝利だけを考えるのではなく、プレーヤーの尊厳・人格を尊重し、長期的な視点を持って、プレーヤーの人間的成長を見据え、プレーヤーと関わりましょう。

▶ プレーヤーにとって最適なコーチングスキルを学ぼう！

　このケースのように、保護者の中には、コーチがプレーヤーを叱ることでプレーヤーが成長すると思っている保護者も存在しているのが現状です。時には叱るという行為が必要なこともありますが、多くの場合、叱るというアプローチとは別の方法で代替できるものです。グッドコーチは、対自分力（セルフ・コントロールなど）や対他者力（コミュニケーションなど）を発揮するための具体的なコーチングのスキルを身につけましょう。今あなたが行っているコーチングが、目の前のプレーヤーにとって最適と思っていても、学びを深めればもっと最適なコーチングが見つかるはずです。

▶ 保護者とも積極的にコミュニケーションを取ろう！

　グッドコーチは、保護者をはじめとしたプレーヤーを取り巻くすべての関係者（アントラージュ）が協力・協働・協調できる環境をつくるため、自らが積極的にコミュニケーションを取る必要があります。何か問題が起きてしまってから、慌ててコミュニケーションを取り始めるのではなく、日頃からコミュニケーションを取っておき、さまざまなことを話せる関係性を築いておきましょう。プレーヤーにとって、保護者は最も身近なアントラージュです。コーチは保護者と積極的にコミュニケーションを取り、ビジョンを共有し、プレーヤーの成長を複眼的に見守ることが望まれます。

CASE 17 自分の指導に黙って従わせたい

　Qさんは鬼コーチを自認し、トレーニング中は竹刀を手にして、コーチングにあたっています。プレーヤーがミスをしたり、指示に従わなかったりした場合は、竹刀を床に叩きつけながら、「なんだ、そのプレーは！」「俺の言うとおりにしろ！」などと大声で怒鳴り、時にはその竹刀でお尻を叩くこともあります。

　プレーヤーたちはびくびくしていますが、Qコーチはいっこうに気にしていません。「プレーヤーたちを黙って従わせるのには、これが一番いい方法だ」と確信しています。

グッドコーチになるためのチェックポイント

❶体罰やハラスメントのない、適切な指導を心がけていますか？

❷プレーヤーの主体性を大切にしていますか？

❸自分だけですべて決定し、自分だけで満足していませんか？

プレーヤーの主体性・学び・幸福を大切にしよう！

▶ 脅迫による恐怖感で、プレーヤーを動かそうとはしない！

　竹刀でお尻を叩くのは、明らかに禁止されている「体罰」であり、また相手を威嚇する行為は、プレーヤーに大きな苦痛を与える「ハラスメント」に該当します。プレーヤーは、そうした脅迫的な言動に縛られることで、自分自身で主体的に考えることが難しくなってしまい、「コーチに怒られたくないから、とにかく一生懸命に練習する」という外発的動機が大半になってしまいます。そのため、体罰や脅迫による恐怖感でプレーヤーを動かそうとするのは、コーチングとは言えません。

▶ 内発的動機づけで主体性を引き出そう！

　グッドコーチは、「外発的動機づけ」よりも「内発的動機づけ」を大切にします。プレーヤーが内発的動機を持っているときには、自分自身が成長する姿にワクワクして、競技そのものの楽しさを享受している状態になっています。この状態では、プレーヤーが自分自身の行動を自分で決定することができているという意味で、「主体的」であり、パフォーマンスもよりいっそう伸びていく可能性があると考えられます。

▶ プレーヤーズセンタードなコーチングを心がけよう！

　グッドコーチは「プレーヤーズセンタード」なコーチングの観点から、プレーヤーの主体性や学び、Well-being（良好・幸福な状態）を中心に考えます。それは、コーチがすべてを自分だけで決定し、自分だけで満足している「コーチセンタード」なコーチングとは正反対のものです。また、グッドコーチは、プレーヤーが自分自身で主体的に考えて行動できるように心がけます。プレーヤーが失敗することもたびたびあるでしょうが、その失敗からこそ多くの「学び」が生まれていきます。プレーヤー自らが失敗を乗り越えて成長した先に、プレーヤーの「幸福」と、コーチにとっての「幸福」があることでしょう。

CASE 18 トレーニングメニューの作成や栄養サポートが難しい

Rコーチにとって、プレーヤーたちに故障が多いのが悩みの種です。足首や膝、腰を傷めている者や、体調不良を訴えるプレーヤーもおり、チームドクターに相談したところ、「トレーニングメニューに問題があるのではないか」と指摘されました。また、「プレーヤーの栄養のバランスにも注意を払ったほうがよい」という話です。

Rコーチは、これまでインターネットなどで調べて良さそうなトレーニングメニューを採用していましたが、栄養面での具体的な指導はしていませんでした。「どうすればよいのか」と困惑しています。

グッドコーチになるためのチェックポイント

❶相談できる専門家がいますか？

❷専門的知識を得る機会をつくり出していますか？

❸根拠にもとづく指導法を採用していますか？

自らが持つ専門的知識をアップグレードしよう！

▶ 専門家のサポートを求めよう！

　グッドコーチは、プレーヤーを取り巻くすべての関係者（アントラージュ）が協力・協働・協調できる環境をつくるとともに、その環境を活かして、自らの課題を解決することができる人です。身近なアントラージュに専門家がいない場合も多いと思いますが、そんな場合でも、専門家とつながっているアントラージュとつながることはできるかもしれません。自分の困り事を積極的に開示して、サポートを求めましょう。

▶ 専門的知識を学ぶ・専門家とつながる機会を自らつくり出そう！

　専門的知識を得るためにはさまざまな方法がありますが、まずは書籍を読むことや、動画を見ることがお勧めです。自分のペースで学びを深めることができるメリットは見逃せません。そのうえで、専門家から直接、知識を提供してもらうことができれば、一度に多くの情報を得ることができます。上手に質問するスキルを活用し、専門家が持っている多くの知識を引き出しましょう。

　現在では、日本スポーツ協会をはじめとしたさまざまな組織が、オンラインでのセミナーを定期的に開催しています。いつ、どこで、どのようなセミナーが行われるのかについて、コーチ仲間とのネットワークで情報交換できるとよいでしょう。

▶ 根拠にもとづく指導法を採用して、ケガや体調不良を予防しよう！

　目の前のプレーヤーと、プレーヤーを取り巻く環境は、常に変化します。そのためコーチには、自己研鑽を継続することによって、自らが持つ専門的知識をアップグレードすることが求められます。また、他のコーチからアドバイスをもらうことも心がけたいものです。常に自身を振り返りながら学び続け、いかなる状況においても、前向きでひたむきに取り組み、プレーヤーとともに成長することができるグッドコーチを目指しましょう。

CASE 19 自分の私生活を犠牲にするのもやむを得ない

「じゃあ、行ってくるからな」

休日の朝、Ｓコーチはいつものように、妻とわが子に言い残して家を出ました。地域のスポーツクラブのコーチングのためです。すでにボランティアで10年間続けており、Ｓコーチにとっては今では生きがいになっています。

休日がつぶれるため、家族サービスはできずじまいですが、それも仕方がないことであり、妻や子どもたちは自分のことを理解してくれていると思っています。

グッドコーチになるためのチェックポイント

❶自らを犠牲にすることがグッドコーチだと思っていませんか？

❷自身と支えてくれる人（たち）の Well-being を大切にしていますか？

❸ワークライフバランスを考えていますか？

グッドコーチとしての幸福や生き方を考えよう！

▶プレーヤーに尽くすのではなく、プレーヤーを支援しよう！

　日本スポーツ協会では、プレーヤーズセンタードを「プレーヤーを取り巻くすべての関係者（アントラージュ）自身も、それぞれの Well-being（良好・幸福な状態）を目指しながら、プレーヤーをサポートしていく考え方」と定義しています。プレーヤーのためにすべてを犠牲にして尽くすのではなく、自分自身の Well-being をしっかりと考慮に入れたうえで、プレーヤーを支援するのがグッドコーチといえるでしょう。

▶自身と支えてくれる人（たち）の Well-being を目指そう！

　コーチの多くは、プレーヤーが練習で向上し、試合で力を発揮するのを目にしたときに、自分の役割を果たしたと考えて幸福を感じるものです。しかし、自分がコーチングに専念する際に、支えてくれている人（たち）は幸福を感じているでしょうか。コーチは、その人（たち）を自分が支えるとともに、恩返しをすることも大切です。その場合、その人（たち）が何を望んでいるのかを知っておく必要があり、常日頃からお互いの気持ちを伝えるコミュニケーションが欠かせません。何より、その人（たち）と楽しく過ごす中にも、1人の人間としての幸福があるでしょう。

▶ワークとライフのバランスを大事にしよう！

　コーチングに「生きがい」を感じている人にとっては、「ワーク」としてのコーチングが大切ですが、どのようなコーチでも、コーチである前に1人の人間であることを忘れてはなりません。コーチングだけに集中する人は、人生の一側面のことだけしか考えていないと言えます。「ライフ」という大きな視点から、「ワーク」の位置づけを考える必要があります。そうでなければ、非常にバランスを欠いた状態になってしまうでしょう。また、コーチ自身がワークとライフのバランスを大切にしていれば、その姿勢はプレーヤーにとって生き方の良いお手本になるでしょう。

CASE 20 コーチとして成長したい

保護者への対応

コミュニケーションスキル

トレーニングメニューの組み立て方が上手

理想

チームの成績も上位

　あるチームでコーチを務めているＴさんには、理想とする先輩コーチがいます。トレーニングメニューの組み立て方、プレーヤーとのコミュニケーションスキル、保護者への対応の仕方……等々、どれをとっても文句のつけようがなく、当然のことながらチームの成績も常に上位です。

　Ｔさんは「ああなりたい」と思っていますが、先輩コーチに比べれば、自分はまだまだ未熟で、どうやったら先輩コーチのようになれるのか、何から学ぶべきか、途方に暮れています。

グッドコーチになるためのチェックポイント

❶結果目標と状態目標の、両方を立てていますか？

❷計画どおりに進んでいるか、定期的に振り返っていますか？

❸目標に意味を持たせていますか？

成長につながる計画の立て方を学ぼう！

▶ 結果目標だけでなく、状態目標も立ててみよう！

　先輩コーチのようになりたい、という目標（結果目標：結果として得たい目標）が定まったら、次は、先輩コーチはあなたと比べて、何がどのくらい優れているのか、どのような状態まで成長すると、先輩コーチのようになれるのかを具体化していきます。これを「状態目標」と言います。

　そのうえで状態目標に達するために、どのような勉強や練習を積み重ねていくのかを、行動計画にまとめていきます。行動計画は、いつまでに、どの部分を成長させるために、いつ、何を、どの程度するのか、というレベルまで具体化することが大切です。日々何をするのかを計画に落とし込んだら、あとはそれを実行するだけです。

▶ 計画どおりに進んでいるか、定期的に振り返ろう！

　いざ行動計画を実行してみると、計画どおりに進むことばかりではありません。定期的な振り返りと行動計画の修正が必要です。計画どおりに実行できているかどうかの振り返りは、週単位で行います。計画全体が長期にわたる場合は、今後１カ月など短期で達成する「中間目標」を立てて、そこを目指して行動計画を立てます。計画どおりに進んでいれば、それは成功体験となって自分への自信につながります。計画どおりでない場合は、行動計画か、目標そのものを修正しましょう。

▶ 目標に意味を持たせれば、モチベーションが上がる！

　計画実行による成果が実感できなかったり、そのための時間確保が難しくなると、目標を見失ってしまうことがあります。そんなときは、目標達成の意味を再確認してみましょう。まず目標を達成したときの「うれしい気持ち」を具体的にイメージし、次に達成できなかったときの「悲しい気持ち」も同様にイメージします。それらの気持ちの比較から、改めて目標達成に向けて行動していくモチベーションが湧き出てくるはずです。

伊藤 雅充（いとう まさみつ）

日本体育大学教授。博士（学術）。専門はコーチング学。国際コーチングエクセレンス評議会の Trained Coach Developer。日本パラリンピック委員会強化本部員（コーチ部会長）。各種スポーツコーチのメンターとして活動。

土屋 裕睦（つちや ひろのぶ）

大阪体育大学教授。博士（体育科学）。専門はスポーツ心理学。公認心理師、スポーツメンタルトレーニング上級指導士としてプロや日本代表チームにてスポーツカウンセリングを担当。（公財）日本オリンピック委員会アントラージュ部会・科学サポート部門員。剣道七段。

荒井 弘和（あらい ひろかず）

法政大学文学部教授。博士（人間科学）。専門はスポーツ心理学。スポーツメンタルトレーニング上級指導士。（公財）日本スケート連盟（フィギュア）強化サポートスタッフ。日本パラリンピック委員会競技団体サポートスタッフ。約 30 年、骨法（武道）の稽古に励む。

黒岩 純（くろいわ じゅん）

流通経済大学スポーツ健康科学部教授。（公財）日本スポーツ協会のコーチデベロッパーを始め（公財）日本ラグビーフットボール協会、（公財）日本バスケットボール協会等で指導者講習会の講師を務める。その他、コーチのメンターとして複数の競技団体のコーチのサポートを行っている。

佐良土 茂樹（さろうど しげき）

日本体育大学体育学部准教授。博士（哲学）。専門はコーチング学（特にコーチング哲学とコーチング原論）と古代ギリシア哲学。（公財）日本バスケットボール協会公認コーチデベロッパー。

相馬 浩隆（そうま ひろたか）

（公財）日本オリンピック委員会（JOC）、JOC 国際人養成アカデミーディレクター。主にスポーツ界の人材（国際業務担当者、コーチ、保護者など）の育成を目的にした、研修プログラムの開発、コーディネイト、提供をしている。得意分野はファシリテーション。

橋口 泰一（はしぐち やすかず）

日本大学松戸歯学部准教授。専門はスポーツ心理学。スポーツメンタルトレーニング指導士。（公財）日本パラスポーツ協会科学委員。日本パラリンピック委員会強化本部委員、情報科学部会長。（公財）全日本スキー連盟スキー技術員。

深見 英一郎（ふかみ えいいちろう）

早稲田大学スポーツ科学学術院准教授。博士（体育科学）。専門はスポーツ教育学、体育科教育学。主な著書『体育科教育学入門』（共著）大修館書店、『新版　体育科教育学の現在』（共著）創文企画。

古川 佑生（ふるかわ ゆうき）

日本体育大学特別研究員。専門はコーチング学、陸上競技（走高跳）。（公財）日本スポーツ協会のコーチデベロッパーとして各種指導者講習会の講師を務める。陸上競技種目のコーチとして小学生～大学生、大学ラグビー選手まで幅広く指導を行っている。

本間 三和子（ほんま みわこ）

筑波大学体育系教授。博士（体育科学）。専門は水泳競技コーチング論。1984 LA オリンピック アーティスティックスイミング（AS）銅メダリスト。（公財）日本水泳連盟 AS 委員長。FINA AS 技術委員、公認 A ジャッジ、公認エバリュエーター、公認インストラクター。

松井 陽子（まつい ようこ）

（独）日本スポーツ振興センターハイパフォーマンス戦略部開発課主任専門職。トリノ冬季オリンピックフリースタイルスキーエアリアル種目日本代表コーチ。早稲田大学スキー部コーチ。現役時代はナショナルチームとして W 杯転戦、全日本選手権優勝。

山田 快（やまだ かい）

法政大学経済学部准教授。博士（スポーツ健康科学）。専門はスポーツ心理学、スポーツコーチング学。国際バレーボール連盟公認コーチ、（公財）日本バレーボール協会指導現場における暴力等対策委員会委員。日本スポーツ心理学会スポーツメンタルトレーニング指導士。

【制作協力】
スポーツ庁
公益財団法人日本スポーツ協会

装　　　幀：村田沙奈（株式会社ワード）
本文イラスト：加藤イサム
編 集 協 力：株式会社ワード

イラスト&ケーススタディー

実践！グッドコーチング レベルアップ編
～ハラスメントなくプレーヤーの成長を支援するために～

2022年10月11日　第1版第1刷発行
2024年 3 月28日　第1版第2刷発行

編　者　PHP研究所
発行者　村上雅基
発行所　株式会社PHP研究所
　　　　京都本部　〒601-8411 京都市南区西九条北ノ内町11
　　　　〈内容のお問い合わせ〉教育ソリューション企画部 ☎075-681-5040
　　　　〈購入のお問い合わせ〉普 及 グ ル ー プ ☎03-3520-9631
印刷所
製本所　図書印刷株式会社

PHP人材開発　https://hrd.php.co.jp/
新入社員教育から経営者研修まで、人材開発をトータルにサポートします。